Der Mann, der die Wüste aufhielt

Die Geschichte von Yacouba Sawadogo, der
2018 den Alternativen Nobelpreis erhielt

Andrea Jeska

Impressum: **Der Mann, der die Wüste aufhielt**

Die Geschichte von Yacouba Sawadogo,

der 2018 den Alternativen Nobelpreis erhielt

von Andrea Jeska

3. Auflage vom 9. September 2024

ISBN: 978-3-7597-7895-6

Verlag: BoD • Books on Demand GmbH, In de Tarpen 42, 22848 Norderstedt

Druck: Libri Plureos GmbH, Friedensallee 273, 22763 Hamburg

(Hrsg.) V.i.S.P. Adlerstein Verlag

Fotos: Andrea Jeska

Weitere Bücher aus dem Adlerstein Verlag hier:

Gewidmet Yacouba Sawadogo und Chris Reij, deren Freundschaft Kontinente, Zeiten und Verschiedenheiten überwand und mich tief berührte.

Vorwort

Über Yacouba Sawadogo las ich auf der Webseite eines Nachrichtendienstes aus Afrika. Dort stand, er habe 30 Hektar Wald ganz alleine gepflanzt und der Wüste fruchtbaren Boden abgerungen. Es war nur eine kleine Meldung, aber sie trug die Überschrift, die auch dieses Buch hat und die der britische Filmemacher Mark Dodd, der über Yacouba eine Dokumentation drehte, seinem Film gab: **Der Mann, der die Wüste aufhielt**. Das war ein Titel, der mich elektrisierte. Die Wüste, das ist für mich ein Ort, an dem der Mensch machtlos und ausgeliefert ist. Wer nicht klug, nicht beherrscht, nicht vorsichtig ist, der ist ihr nicht gewachsen.

Die Wüste, das ist für mich etwas Unüberwindliches, und mehr noch als Gebirge, mehr als das Meer der Beweis, dass wir Menschen unbedeutende, kleine Kreaturen sind. Und nun las ich von einem, der sich der Wüste entgegengestellt hatte, der ihr Fruchtbarkeit und Leben abtrotzte. Nicht mit Maschinen, nicht mit der Überlegenheit von Technik, sondern nur mit seinen Händen. Was für ein willensstarker Mensch das sein müsse, dachte ich. Von da an wollte ich Yacouba Sawadogo kennen lernen.

Nun reist man nicht mal so eben in den Norden von Burkina Faso und begibt sich auf die Suche nach einem, der kein Telefon, keine Mail-Adresse hat, den man nicht anrufen oder anschreiben kann.

Ich nahm Kontakt zu Mark Dodd auf und der wiederum vernetzte mich mit Chris Reij, einem niederländischen Wissenschaftler, dessen Passion und Beruf die Aufforstung von Afrika ist. Seit 30 Jahren bereist er den Kontinent und initiiert Projekte, in denen es um Bäume geht, um Begrünung und um genügend Nahrung für alle.

Als ich das Thema zum ersten Mal einer Zeitung vorschlug, scheiterte ich. Zu unsicher, hieß es und überhaupt: es wäre ja nur die Geschichte eines Bauern, was dabei denn rauskommen sollte? Ein Jahr später wurde Sabine Rückert Ressortleiterin des Dossiers bei der ZEIT und bei einem Treffen erzählte ich ihr von Yacouba. Sie sah darin, was ich sah: Eine Geschichte über menschliche Größe, Widerstand und Gradlinigkeit.

Ein paar Wochen später flog ich nach Ouagadougou, die Hauptstadt von Burkina Faso. Zufällig machten sich Mark Dodd und Chris Reij zur selben Zeit zu Yacouba auf und in der Kleinstadt Ouahigouya trafen wir uns in der Pension eines in Burkina hängen gebliebenen syrischen Ehepaars. Ich kam schon zwei Tage vor den beiden Männern an und hatte Yacouba bereits kennen gelernt. Es war sehr einfach, ihn zu finden, viel einfacher, als ich es mir vorstellte. Ich hatte Sorge, Yacouba könne keine Lust auf eine Journalistin oder vielleicht keine Zeit haben, könne ein schweigsamer Eigenbrötler sein, der nicht redet. In der Tat war er ein stiller Mensch, aber nicht schweigsam.

Er maß Worten Gewicht bei, er wusste vielleicht darum, welchen Schaden sie anrichten können, wenn man sie unvorsichtig benutzt, wenn man nicht präzise ist. Als ich ihn fand, saß er in seinem Wald und staunte nicht ein bisschen über unseren Besuch. Es war, als könne nichts im Leben ihn überraschen, als nähme er alles so wie es kommt. Yacouba war wie Wasser in einem ruhigen Fluss. Dass es eine Weile dauerte, bis wir ins Gespräch kamen, störte mich nicht, denn sein Wald war ein schattiges Paradies in einer kargen und heißen Landschaft. Die Stille, die Yacouba ausstrahlte, ging sofort auf mich über und alle Anspannung fiel ab. Ich wusste, alles würde gut werden, ich musste nicht drängen, wollen, planen.

Also saß ich und betrachte die Bäume, die Vögel, die vorbeihoppelnden Hasen, betrachte Yacouba. Doch ich blieb noch auf der Hut, wollte mich nicht tricksen lassen vom Bild des in sich ruhenden Ackerbauern, der im Einklang ist mit sich und der Natur. Und tatsächlich hatte Yacouba nicht so einfach der Wüste Land abgerungen, wie die Gespräche in den kommenden Tagen ergaben, war es nicht nur harte Arbeit gewesen, sondern er hatte auch Neider gehabt, war an seine eigenen Grenzen gestoßen, hatte Irrtümer begangen und stand damals kurz vor dem Scheitern seines Lebenstraums. Sein Wald war bedroht, sollte Siedlungsland zum Opfer fallen. Dass es alles ein gutes Ende nahm und dank vieler Spenden nach dem Erscheinen des Artikels über ihn der Wald in seinem Fortdauern gesichert ist, konnte er damals noch nicht wissen. Viele Mäuler hatte Yacouba zudem zu stopfen, innerhalb der Familie gab es Querelen und wie überall auf der Welt wollen die Jungen nicht das Werk der Alten fortführen, sondern hinaus in ihr eigenes Leben. Wollen nicht ackern und ernten und wieder ackern, sondern lieber nach Ouagadougou, wo das Leben vermeintlich verlockend und bunt ist. Zudem zwickte es Yacouba im Rücken, er sah seine Kraft schwinden, sein Leben zu einem Ende kommen. Die ganz normalen Sorgen eines ganz normalen Mannes also, und nichts anderes ist Yacouba. Kein Held, kein Titan. Nur ein stiller Ackerbauer, der sich nicht von seinem Weg abbringen ließ.

Chris Reij und Yacouba Sawadogo kennen sich eine Ewigkeit. Ihre erneute Begegnung in meinem Beisein war ein Treffen von zwei Männern auf Augenhöhe. Zwei, die um die Not in der Sahelzone wissen, um die Härte des Lebens dort und auch darum, was für ein starker Impuls Visionen sind. Wenn ich es nicht schon vorher wusste, dann lernte ich von ihnen, dass man auch Freundschaft braucht und eine tiefe, aufrichtige Menschlichkeit, um Ziele zu erreichen. Ich kenne viele Menschen, die haben Erfolg, weil sie Kapital, Wissen oder Unterstützer haben. Oder die richtigen Fäden ziehen können. Vielleicht ehrgeizig sind oder einfach gut, in dem was sie tun. Auch diese Menschen erreichen großes, größeres als Yacouba.

Und dennoch kann seine Leistung mit solchen großen Taten mithalten, denn sie kam aus eigenem Antrieb und verfolgte kein anderes Ziel, als Essen zu haben: genügend für die Familie, genügend für die Dorfgemeinschaft. Yacoubas Wissen wurde nicht an Universitäten erworben, steht nicht in Büchern, es stammt aus der Beobachtung der Natur. Nicht Geld, nicht Lobby, nicht Ehre haben Yacouba getragen, sondern Hoffnung und Glaube. Und nicht Erfolg oder Eigennutz haben Chris Reij all die Jahre zu Yacouba zurück gebracht, sondern Sympathie und Achtung. Beiden begegnet zu sein, betrachte ich als Bereicherung.

Yacouba Sawadogo erhielt am 23. 11. 2018
in Stockholm den Alternativen Nobelpreis

Der Mann, der die Wüste aufhielt

In diesem Jahr hat Yacouba Sawadogo die Samen des Baobab in die Erde gelegt. Zehn Jahre dauert es, bis der Baobab seine ersten Blüten trägt. Dann wird Yacouba tot sein. Die Äste verdicken sich nach 40 Jahren. Dann werden auch Yacoubas Söhne tot sein. Der Baboab ist kein Baum für eine Generation, er ist ein Baum für die Ewigkeit.

Er symbolisiert das Leben und den immerwährenden Kreislauf des Werdens, Vergehens. Enkel und Enkelsenkel werden es sein, die aus den Blättern von Yacoubas Baobabs einen nahrhaften Brei kochen, der gegen Ruhr und Koliken hilft.

Die die Samen für ein kräftiges Herz schlucken werden und die Früchte für Vitamin C und B und Kalzium. Die die Bäume in trockenen Jahren wässern müssen. Und vielleicht werden sie sagen: Das sind Yakoubas Baobabs.

Für die neuen Bäume hat Yacouba ein Stück Land genommen, nicht weit von seinem Wald entfernt. Land, auf dem seit Generationen niemand mehr gesät hat, das niemandem gehört. Höchstens Gott.

Höchstens dem Wind. Höchstens der vorwärtskriechenden Dürre, die die Hirse vertrocknen lässt, bevor sie auch nur so hoch gewachsen ist wie ein Kind.

Kein Baum steht auf diesem Land. Die hartgebackene rote Erde ist rissig, wie ein altes Stück Pergament.

Schon vor Wochen hat Yacouba mit der Arbeit begonnen, lange vor der Regenzeit. 60 Zentimeter im Umfang, 30 Zentimeter tief sind die Löcher, doppelt so groß, wie jene, die man für die Tamarinden-, die Niem-, die Nerebäume braucht. Man kann diese Löcher nicht graben, man muss sie hacken.

Bei den ersten Schlägen mit der Spitzhacke platzt die krustige Oberfläche auf, kleine Steine fliegen davon und erst nach vielen weiteren Schlägen wird der Boden weicher und nachgiebiger.

Jahrelang hat Yakouba alleine gehackt. Fern der Felder der anderen, fern der Häuser des Dorfes Gourga. Immer war sein Schatten der einzige Schatten, das Geräusch seiner Hacke das einzige Geräusch.

Nur Ziegen wanderten um ihn herum. Monat um Monat, Jahr um Jahr sah man ihn einsam seine Arbeit tun, eine dunkle, hohe Silhouette unter einer immer zu heißen Sonne.

„Ein Verrückter" haben ihn die Anderen damals genannt.

Dies ist die Geschichte des Ackerbauern Yacouba Sawadogo, der nahe seinem Heimatdorf Gourga in der Provinz Yatenga im Norden von Burkina Faso alleine einen Wald pflanzte. Der unfruchtbare, sterile Erde fruchtbar machte. Er ließ Hirse sprießen, wo Öde war, schuf kühlenden Schatten, wo heiße Sonne war. Er lockte die Bienen und die Hasen, die kleinen Antilopen und sogar die Hyänen. Er tat, wozu Gott den Menschen aufforderte:

Er macht sich die Erde untertan. Zum Lohn hatte der im Überfluss, als Andere darbten, und er gab ihnen von diesem Überfluss ab, obwohl diese Anderen ihm übel mitgespielt hatten.

Dies ist die Geschichte eine Mannes, der dem harten, unbarmherzigem Nichts einen Garten Eden abgerungen hat.
Man weiß nie, wann Geschichten wirklich beginnen. Der Anfang dieser hier liegt vielleicht in der uralten Zeit, als die Menschen begannen, Samen in die Erde zu legen, und die Natur ihnen nicht entgegenkam. Als die Ernte vertrocknete oder nicht ausreichte und der Zyklus aus Dürre und Hunger das Leben bestimmte.

Vielleicht beginnt sie aber auch erst in den späten Siebziger Jahren, als Yacouba Sawadogo, Kind armer Bauern, nach Mali auf eine Koranschule geschickt wurde und trotz aller Anstrengungen nicht lesen und nicht schreiben lernte.

Der alte Mann Yacouba sagt über den Jungen Yacouba, er sei wohl nicht intelligent genug gewesen. Zudem war er der kleinste und schwächste aller Schüler.
Wenn die Kinder um Essen betteln gingen, wurden die anderen ein bisschen satt, Yacouba nie. Nur eines wusste der Junge besser als alle anderen: wo und wie die Bäume am grünsten und höchsten wachsen und wie man aus ihrer Rinde, ihren Blättern Medizin macht.

Spätestens aber beginnt die Geschichte in jenem Augenblick, als sie zur Legende wurde. Nach zehn Jahren vergeblichen Bemühens um den Jungen Yacouba schickte die Schule ihn wieder nach Hause. An seinem letzten Abend wurde er zum Sheikh gerufen, dem Leiter der Koranschule. Der Junge war auf Vorwürfe gefasst, aber der Sheik prophezeite ihm eine große Zukunft. »Du wirst ein Weiser sein«, sagte er zu Yacouba.

„Eines Tages werden dir die Menschen folgen und Wissenschaftler werden dich um Rat bitten.“
Yacouba Sawadogo hat kein Telefon und Post erreicht ihn nur selten.

Wer den alten Mann besuchen will, der fragt nach ihm in der Stadt Ouahigouya, rund 200 Kilometer von der Hauptstadt Ouaga-dougou entfernt. Erst auf dem Markt, und von dort wird man weiter geschickt in das Dorf Gourga.

Da stehen schon die Kinder unter dem Akazienbaum und weisen einem den Weg hinab, an dessen Ende Yacouba in seinem Wald sitzt. Einfach nur sitzt. Mit gestreckten Beinen auf der Erde und den Vögeln die Hirse hinwirft.
Der Wald ist Yacoubas Gabe an die Schöpfung.
Als aus den ersten Samen Setzlinge wurden, dachte er an den Aufruf des Koran, ein Mann solle Bäume pflanzen und von der

Schöpfung nicht nur nehmen, sondern dieser auch etwas geben. Erst dachte er bei sich, niemals könne ein Mann einen Wald ganz alleine pflanzen, aber dann fing er einfach an. Hob Pflanzloch um Pflanzloch aus, setzte Samen und Samen. Er erinnerte sich an seine Beobachtungen als Junge, erinnerte sich, welcher Baum neben welchem gedeiht und von welchem Baum man welche Medizin nehmen kann.

Heute, fast dreißig Jahre nachdem Yacouba die ersten Samen in die Erde legte, ist der Wald ein Ganzkörpererlebnis aus Kühle und Schatten, aus Vogelgesang und Honigbienensummen.

Mit Stämmen und einem Dach aus Hirsestroh hat Yacouba sich einen Unterstand geschaffen, unter dem er seither jene Stunden erbringt, in denen er allein sein will. „Ein Mann, um denken zu können, muss schweigen. Ohne Schweigen haben die Gedanken zu wenig Kraft", sagt er zu den neugierigen Kindern, die sich anschleichen und ihn fragen, was denn mit ihm sei, dass er immer still unter den Bäumen hocke.

Yacouba ist nicht überrascht, als wir ihn finden. Madame Poyga ist meine Dolmetscherin. Eine wackere Dame aus der Hauptstadt Ouagadougou, die vor vielen, vielen Jahren, als Deutschland noch geteilt war und sich Burkina Faso zum Sozialismus bekannte, im Osten Berlins Germanistik studiert hat.

Yacouba hat sich aus Stämmen und Hirsestroh einen
Unterstand gemacht. Dort sitzt er und füttert die Vögel.

Sie spricht Yacoubas Sprache Mooré und hat schnell verstanden, dass ich wörtliche Übersetzungen brauche, nicht einfach nur eine Zusammenfassung des Gesagten.

Yacouba hört ruhig zu, warum wir gekommen sind. Dann bittet er, sich zu ihm zu setzen. Er lässt die Kinder einen Stuhl für Madame Poyga holen, dass ich schon gleich auf der Erde neben ihm sitze, scheint seine Anerkennung zu finden. Farbenprächtige Vögel umringen uns. Manche haben gelbes Gefieder, andere blaues, und leider weiß Madame Poyga nicht die deutschen Namen des Federviehs. Yacouba erzählt, dass die Vögel inzwischen so zahm sind, dass sie nicht mehr wegfliegen, wenn er sich bewegt und keine große Distanz mehr von ihm halten. Dann zeigt er auf Bienenstöcke.

„Früher gab es hier keinen Honig, es gab keine Bienen, weil es keine Pflanzen gab." An die Bienen habe er auch gedacht, als er seinen Wald pflanzte, habe sich überlegt, welche Bäume, welche Früchte sie mögen und es habe geklappt. „Sie sind gekommen", sagt Yacouba und strahlt uns an.
Wie lange haben wir bei ihm gesessen? Stunden? Rückblickend ist es wie Tage. Die Zeit, ohnehin keine wirkliche Größe in Afrika, verrann.

Manchmal erzählte Yacouba etwas und Madame Poyga, hingegossen in ihren Stuhl unter den Baumkronen, übersetzte. Manchmal redeten die beiden unter sich. Wie in Afrika üblich, versuchten sie, Familienbande und Beziehungen herzustellen.

Wer kannte wen, wer kam woher und gab es vielleicht sogar Verbindungen zwischen ihnen?

Ich hörte den weichen Lauten des Mooré zu und beobachtete Hasen, die zwischen den Bäumen sprangen. Hasen in Burkina Faso, hier im Norden, das war ein unwirkliches Bild. Fast märchenhaft. Wie das Wunderland von Alice.

Am frühen Nachmittag traf eine Gruppe von Bauern aus anderen Dörfern ein. Sie waren nach Gourga gekommen, um von Yacouba zu lernen. Um den Wald zu sehen, den alle nur Yacoubas Wald nennen. Ich erfuhr, dass Yacouba hier auch Kranke empfängt, die Medizin brauchen. Und jene internationale Experten, die angereist kamen, um das

Wunder zu bestaunen, dass ein einzelner Mann die Dürre besiegen kann.

Am anderen Tag zeigte uns Yacouba das Gästebuch, in dem sich diese Experten ein-getragen haben und auch die vielen, die um seinen Rat baten. Es war ein viele Seiten dickes Manifest des Staunens und der Anerkennung. Wie viel er gearbeitet habe. Welchen Willen er besitzen müsse, und welch ein Wunder dieser Wald doch sei.
Ein Ort der Kontemplation. Ein Paradies.
Ob er stolz darauf sei, fragte ich ihn. Yacouba wiegte den Kopf, lächelte ver-schmitzt und sagte dann in seiner ruhigen Art: „Manchmal". Ruhig ist alles an ihm. Sein weiches Mòoré, seine Bass-Stimme. Ruhig ist auch die Haltung seiner Hände:

Mit tausendfachen Schlägen hackten sie so viele Jahre lang den Boden auf wurden doch nie die Pranken eines Bauern.

Feingliedrig sind sie, wie die Hände eines Menschen, der zart mit allen Dingen umgeht.

Alles an Yacouba ist gerade. Die äußere und die innere Haltung. Man braucht Ausdauer, um seine Stärke und Entschlossenheit zu erkennen, man braucht Zeit für seine Geschichten, die nie linear sind, sondern wandern und stolpern, an Tempo gewinnen und wieder zum Stillstand kommen.

Man braucht Hingabe, wenn man ihm über die Felder, durch den Wald folgen will, mithalten mit seinem langen aufrechten Schreiten.

Eine Mulde, groß genug für die Ummantelung des Samens mit Dünger.

„Dieser Mensch verbreitete Frieden um sich ... er erweckte den Eindruck, dass ihn nichts zu stören vermöge."

Diesen Satz schrieb der französische Schriftsteller Jean Giono 1952 über den Schäfer Elzéard Bouffier, einen Mann, der in der Provence, in einer abgelegenen Gegend, ganz alleine einen Eichenwald pflanzte. Dem niemand etwas befahl. Der keinen Zweck und keine Absicht damit erfolgte. Der Bäume pflanzte, weil ihm eine innere Stimme sagte, er solle das tun. Heute würde Giono diesen Satz über Yacouba schreiben und vielleicht staunen, dass sein erfundener Schäfer weit fort von der Provence Mensch geworden ist.

Yacouba Sawadogo

Yacouba dachte, er sei ein gescheiterter Koranschüler, als er 1981 in seine Heimat zurückkehrte. Er wurde Händler für Haushaltswaren auf dem Markt von Ouahigouya.

Er verdiente Geld, mehr Geld als er brauchte und er freute sich über seinen Erfolg. Die Worte seinen Sheikhs hatte er nicht vergessen.

Doch er hielt sie für einen Irrtum. Er hatte, was er brauchte und konnte sich nicht vorstellen, wie er die Weisheit erlangen sollte, andere Menschen zu führen.

Yacouba in seinem Wald schmunzelt versonnen, als er diesen Teil seines Lebens erzählt. Eine Zeit, die er im Nachhinein als Tage ohne Sinn sieht. Bequem, aber ohne Nutzen für die Gesellschaft.

Zu seinem, Yacoubas, Wohl. Aber solche Sätze würde Yacouba nicht sagen. Seine sind schlichter. „Es war nicht mein Leben."

Es war das Leben eines Mannes, der vergessen hatte, dass ein Mann niemals für seinen eigenen Zweck leben sollte.

Vielleicht wäre es bei diesem Vergessen und diesem Leben geblieben, hätte es nicht in den siebziger Jahren einige schlimme Missernten in Burkina Faso gegeben.

Es waren Jahre großer Trockenheit und somit Jahre des Hungers. Lange bevor die Ernte eingebracht wurde, war die letzte Ernte verbraucht und die Menschen lernten, höchstens einmal am Tag zu essen, und in den letzten Wochen vor der neuen Ernte, aßen sie gar nicht mehr.

Anfang der achtziger Jahre dann kam eine neue Dürre wie ein Schreckgespenst über die Sahelzone auf Yatenga zugekrochen.

Sie kam zu einer Zeit, als die Getreidespeicher ohnehin schon leer waren und die Menschen geschwächt. Kein neuer Halm wuchs, kein Tropfen befeuchtete den Boden. 50 Millionen in all den Ländern rund um die Sahelzone waren betroffen, hungerten. Wie viele starben, weiß niemand genau. Es gibt Statistiken, darin steht eine Million, in anderen steht 1.5 Millionen.

Niemand hatte mehr Kraft, die Toten alle zu begraben. In Scharen flohen die Menschen aus ihren Dörfern, nach Ouahigouya und in andere Städte. Sie hofften, dem Hungertod zu entkommen, doch in den Städten gab es oft nur überfüllte Lager und Krankheiten.

**Für verwitwete und verlassene Frauen ist die intensive
Landwirtschaft auf den Boden, den keiner haben will,
ein Weg aus der Armut**

„All das Sterben", sagt Yacouba und hebt die Hände plötzlich gegen die Vögel, als sei ihre Lebendigkeit seiner Erinnerung im Weg.

Erschreckt fliegen die auf, hocken zwitschern auf den Ästen. „All diese Verzweiflung", sagt Yacouba und sieht traurig aus.-
Wir schwiegen. Madame Poyga streckte sich in ihrem Stuhl und schlief ein. Yacouba und ich saßen still nebeneinander. Es war eine friedvolle Stille. Nicht die zwischen zwei Menschen, die nicht miteinander reden können und verlegen vor sich hinsehen.
Die hoffen, dass die Minuten vergehen, bis sie sich aus dieser Situation befreien können. Ich hatte Zeit, Yacoubas Gesicht zu betrachten, und ihm machten meine Blicke nichts aus.

Seine Haut über den Wangenknochen war straff, und Falten zogen sich wie Geschichten von den Schläfen bis hinab zu seinem Kinn. Sein Körper hatte die schlanke Sehnigkeit eines Menschen, der viel arbeitet und bescheiden isst. Am Schönsten fand ich seine Augen. Wach und ohne den Schleier von Bitterkeit, Lebensmüdigkeit. Es war ein gutes, ehrliches Gesicht.

Als Madame Poyga wieder erwachte, nahm Yacouba den Faden der Erzählung wieder auf. Diese Zeit, sagte er, und wog die Worte. Es sei eine Zeit der Verwandlung gewesen. Sein Erschrecken vor dem Elend. Er fragte sich, ob er denn blind gewesen sei für die Menschen um ihn herum.

Plötzlich habe er sich vor dem Geld, das er verdiente, geekelt, und auch vor denen, die es sich weiterhin leisten konnten, Geld auszugeben, während andere am Hunger starben. Dann ein inneres Wachsen. Klarheit. Gottvertrauen. Kraft. Er ließ alles zurück. Seinen Marktstand. Seine Waren. Seine Möbel. Und kehrte zurück in sein Dorf, dem Flüchtlingsstrom entgegen. „Wohin?", fragten ihn die Leute, die ihm entgegen kamen. „Da ist der Tod", sagten sie. Er habe keine Angst gehabt, sagt Yacouba. Er habe nicht gedacht, er mache einen Fehler.

Er hatte nicht viel, um sich der Natur entgegenzustellen.
Er besaß kein eigenes Land, das er hätte fruchtbar machen können.

Acker mit Zaï

Er hatte nur eine Hacke. Die nahm er und ging dahin, wo nichts war. Nur leere Wüste. Ging mit dem Willen, dem, die Wüste fruchtbar zu machen. Sie war nicht sein Feind. Sie war seine Zukunft.

Burkina Faso ist eines der ärmsten Länder in Afrika. Es ist unter anderem bewohnt von den nomadisierenden Fulbe und den sesshaften Mossi, die vom Ackerbau und der Viehzucht leben und fünf Könige haben, einer davon ist König der Provinz Yatenga. Burkina Faso hat keinen Meerzugang und nur im Süden fruchtbares Land.

Etwa 247 000 Quadratkilometer des Landes sind Savanne und wüster, trockener Boden. Um die Hauptstadt herum ist das Land noch grün, gibt es Bäume und kleine Wälder.

Doch je weiter man nach Norden kommt, desto karger werden Erde und Himmel. Schließlich öffnet sich die Landschaft wie ein Delta, und nur vereinzelte Bäume unterbrechen noch die Linie des Horizonts.

Auf den Feldern wechseln Vertiefungen mit kleinen Hügeln, dazwischen liegen Dunghaufen. Männer führen von Eseln gezogene Pflüge, Frauen schlagen mit kleinen Hacken auf den Boden ein. Was dem Betrachter wie ein Idyll erscheint, wie ein Klischee von Afrika oder auch wie ein Zeitsprung in eine alttestamentarische Epoche, ist ein Zustand, der seinen Bewohnern harte Arbeit abverlangt.

Die Urbarmachung des Ackerbodens der wasserlosen Trockengebiete, nennt man hier in der Sahelzone: Zaï.

Zaï ist überall dort von Nutzen, wo der Boden verkrustet ist und das Regenwasser nicht aufnimmt, sondern abfließen lässt, wo Bäume keinen Schatten geben, wo heiße Sonne und Wasserarmut eine menschenfeindliche Allianz bilden. Es ist eine seit Jahrhunderten praktizierte Methode des Ackerbaus und die Abkürzung des Wortes Zaïégré, das übersetzt bedeutet: früh aufstehen und den Boden bearbeiten.
60 Tage lang muss ein Mann fünf Stunden täglich die Erde aufhacken und Löcher graben, 20 Zentimeter breit, 20 Zentimeter tief, will er einen Hektar mit Zaï haben.

Zaï erfordert das Hacken eines tiefen Loches in den Boden

Einzeln werden die Samen dann in diese Löcher gelegt, mit Erde bedeckt.

Jahrhundertelang wurde so gesät, und jahrhundertelang kamen immer wieder Dürren und die Samen verendeten in der Erde.

Jede Generation in der Sahelzone hatte ihre Hungerzeit. Schon in den sechziger Jahren gab es Entwicklungsprojekte, die mit „Wieder-" begannen: Wiederbegrünung, Wiederaufforstung, Wiederbefruchtung des ausgelaugten Bodens. „Intensivierung" wurde eine Art Modevokabel der Entwicklungshilfe.

Der Hunger war nicht länger nur eine afrikanische Plage, die Geißel eines verlorenen Kontinents, sondern eine globale Herausforderung, der man mit modernen

Methoden glaubte entgegentreten zu können. Man dachte, wenn man nur genug Geld und Technik investiere, käme auch genug dabei heraus. Man lieferte Maschinen in die Sahelzone, die den Boden umpflügten, man erfand hitzeresistentes Saatgut, man ersann Bewässerungssysteme, bohrte Brunnen, belehrte die Bauern und pries den künstlichen Dünger. Man dachte, man könne den Zyklus aus Dürre und Hunger beenden. Doch die Pestizide, die vollautomatischen Pflüge, der Anbau von Baumwolle laugten den Boden vollends aus, und schließlich warnten Experten vor einem Kollaps der Nahrungsversorgung. In der Sahelzone waren bereits 80 Prozent des Landes kultiviert, es gab keine Brache mehr.

Die tödliche Dürre Anfang der achtziger Jahre markierte das Ende der westlichen Weisheit. Das Fernsehen sandte Bilder von Flüchtenden, Hungernden, verendeten Tieren, verzweifelten Menschen. Diese Bilder bewiesen vor allem eins: Zwischen den Absichten der Industrieländer und der Wirklichkeit der Entwicklungsländer lagen unüberwindliche Entfernungen.

Yacouba Sawadogo kann weder lesen noch schreiben.

Für den Westen ist er ein Analphabet, aber Analphabetismus ist ein Begriff aus Europa. Das Alphabet Afrikas ist anders beschaffen, ist weitergetragenes Wissen der Generationen. Kein Handbuch über Landwirtschaft wurde hier je geschrieben.

Man ackerte und erntete, wie es schon die Väter taten, man änderte nichts, auch als der Regen ausblieb und das Brachland knapp wurde.

Zaï war langen Dürrezeiten nicht gewachsen. Hatte diese Methode der Beackerung einst die Menschen ernährt, nicht gut und nicht immer, so reichte sie nicht mehr aus, als die Bevölkerung wuchs, die Dürren länger wurden, der Boden immer ausgelaugter war.

Zu erkennen, dass man die alten Methoden verbessern muss, war vielleicht Yacoubas wichtigste Tat.

Er vergrößerte die Zaï-Löcher, ummantelte den Samen mit einer Mischung aus Blättern, Viehdung und Asche, legte Reihen von Steinen, um den Fluss des Regenwassers aufzuhalten. Er begann mit dem Hacken der Löcher im späten Frühling, nicht, wie es Tradition war, erst zur Regenzeit. Schon die erste Ernte war ein Erfolg, sie füllte Yacoubas Hirsespeicher, und die Nachricht von seinem Tun drang bis Ouahigouya. Jetzt kamen die Hungernden zu ihm, und er gab, solange er zu geben hatte.

30 Jahre ist es her, dass er zum ersten Mal seine Hacke schwang. Schwer war die Arbeit, es dauerte, bis sich der Körper eines Händlers daran gewöhnte, wie der eines Bauern arbeiten zu müssen.

Bei Yacouba lernen andere Landwirte,

wie man Zaï praktiziert

Bis Yacouba genügend Muskeln hatte und genügend Widerstandskraft, der Hitze, der Schattenlosigkeit zu trotzen.

Doch in diesen 30 Jahren, die seither vergangen waren, sind die Menschen nach Gourga zurückgekehrt, beseelt von einer Hoffnung, die keine der großen Hilfsorganisationen brachte, sondern einer der ihren. Ein einziger Mann. In diesen Jahren hat sich der Grundwasserspiegel von Gourga gehoben, und Hunderte Hektar Wüste sind Ackerland geworden.

In diesen Jahren musste Yacoubas Familie – drei Frauen und inzwischen 60 Kinder und Enkelkinder – nie hungern.

Yacoubas Familie

In diesen Jahren experimentiert Yacouba, veränderte die Düngerzusammensetzung, so dass Termiten angezogen werden, die den Boden aufwühlen. Regenwasser dringt nun leichter ein. Er lernte, welcher Baum unter welchen Bedingungen am besten wächst, er stellte aus Rinde und Blättern, aus Früchten und Blüten Medizin her.

Yacoubas wahre Leistung aber ist sein Wald, 30 Hektar ehemals totes Land, 42 Fußball-felder, auf denen 60 verschiedene Bäume und Sträucher wachsen, die größte Arten-vielfalt in diesem Teil der Sahelzone.

Den Niembaum, dessen fedrige Blätter viel Schatten geben, hat Yacouba gepflanzt

wegen der heilenden und pflegenden Eigen-
schaften seiner Rinde, wegen der nahrhaften Trauben, die im Sommer wachsen, kurz
vor der Regenzeit, dann, wenn die Ernte des
Vorjahres meist verbraucht und die des
bestehenden Jahres noch nicht eingebracht
ist. Dornakazien hat Yacouba gepflanzt, an
denen die Ziegen gerne knabbern, Tamarin-
denbäume, die Früchte und hartes Holz
geben. Nerebäume, deren Beeren wertvolle
Mineralien enthalten. Karitébäume, aus
denen man Sheabutter für die Körperpflege
machen kann und Medizin gegen Gelenk-
schmerzen.

Am Anfang seiner Bemühungen überhäufte
man Yacouba mit Hohn und schließlich
wandte man Gewalt an.

Der Aberglaube, dass man die alten Traditionen nicht ändern darf, war stark. Er bringe Unglück, hieß es, weil er die Wege der Ahnen missachte. Zaï dürfe man nicht vor der Regenzeit praktizieren, man müsse warten, bis die ersten Tropfen fallen. „Dann ist es zu spät", sagte Yacouba. „Ehe der Samen dann sprießt, ist der Regen wieder vorbei.". Als aber aus den Sprösslingen junge Bäume wurden, als Yacoubas Felder voller Hirse standen, sagten sie, er sei mit den bösen Mächten im Bunde. Sie legten Feuer an seine Felder, an seinen Wald. Die ersten vier gepflanzten Hektar fielen den Flammen zum Opfer.

Die Täter zu identifizieren, war nicht schwer. Yacouba hätte sie anzeigen können, zur Rede stellen. Er tat nichts dergleichen.

Mit der Yamaha fährt Yacouba seine Felder ab

„Es bringt einem Mann nichts, wenn er behauptet, er habe recht. Es ist besser, die Dinge unter Beweis zu stellen. Bis die anderen sagen: Der hat recht."

Yacouba klagte nicht, er richtete nicht. Er begann von vorn.

Mitte der achtziger Jahre hörten die Menschen auf, in Yacouba einen Verrückten zu sehen und fingen an, mit Respekt von ihm zu sprechen. Damals reiste der Wissenschaftler Chris Reij durch den Norden von Burkina Faso. Reij war unterwegs im Auftrag des Zentrums für Internationale Kooperation an der Universität von Amsterdam.

Dort suchte man nach Möglichkeiten, den ausgelaugten Boden in den Sahelländern Afrikas fruchtbar zu machen und der Wüste Ertrag abzuringen.

Reij hörte von diesem Mann, der ödes Land begrünt und war elektrisiert. „Es war eine Zeit des Scheiterns. Ich hatte so viele schlechte, sinnlose Projekte gesehen, dass ich schon glaubte, wir würden das Problem des Hungers nie in den Griff bekommen. Dann traf ich Yacouba, und es war wie ein Lichtstrahl. Dieser Mann ist ein Visionär."

Seit jener Zeit kehrt Reij, inzwischen über 60 Jahre und kurz vor seiner Pensionierung, jedes Jahr nach Gourga zurück. Längst sind die beiden Männer Freunde, Bewunderer des jeweils Anderen.

Bis heute ist Reij von Yacoubas steten Neuerungen begeistert, beugt sich über jedes Zaï-Loch und rennt von Feld zu Feld.

„Hier stand damals vor 20 Jahren nur ein Baum" ruft er aus. „Und hier war gar nichts."

Dann sprudelt er Zahlen heraus, spricht von den 1,4 Milliarden hungernder Menschen, die Hälfte Kleinbauern, und davon, dass die Gefahr eines Hungers um zehn Prozent gesenkt wurde, es acht Prozent weniger Armut gibt. und Zaï es ermögliche, wüstem Land schon bei der ersten Ernte acht Kilo Ertrag pro Quadratmeter abzuringen.
Von der Amsterdamer Universität ist Reij inzwischen zum World Resources Institute nach Washington gewechselt, aber Yacouba ist sein Held geblieben.

Üben, wie man Zaï praktiziert

In den neunziger Jahren holte Reij Bauern aus dem Niger und aus Mali nach Gourga, damit ihnen Yacouba sein Wissen vermittle. „Im Niger ist Yacoubas Zaï inzwischen noch viel erfolgreicher als hier. Abertausende Farmer praktizieren es dort mit großen Erfolgen. Überall ist der Grundwasserspiegel gestiegen, überall gibt es Familien, die keinen Hunger mehr kennen. Yacoubas Einfluss ist größer als der aller internationalen und nationalen Experten zusammen." Wer Reij fragt, warum Yacouba das gelang, woran teuer bezahlte Spezialisten scheiterten, vernimmt vorsichtige Sätze über das Überlegenheitsgefühl der Weißen, das die Entwicklungshilfe bis spät in die neunziger Jahre bestimmte.

Konzepte seien erfunden worden, die den Bedingungen, der Kultur und den Traditionen nicht angepasst waren und schon nach kurzer Zeit fehlschlugen. „Damals hatten wir alle keine Ahnung. Erst jetzt sind wir soweit, dass wir auf Eigeninitiative der Bauern setzen und mit einfachen Mitteln die Landwirtschaft beleben wollen. Die Lösung sind nicht Großprojekte, sondern eigener Wille. Wenn Millionen von Farmern Zaï prak-tizieren, wenn sie Millionen von Bäumen pflanzen und im Schatten dieser Bäume Milliarden von Hirsesamen säen, dann ist der Hunger in der Sahelzone eines Tages vorbei."

2007 traf der Kameramann Mark Dodd, der damals für die BBC arbeitete, durch Zufall auf Yacouba. Die Begegnung hat Dodds Leben verändert, und nicht nur seines. „Ich sah Yacouba, wie er allein vor dem Horizont stand, auf einer endlosen ausgetrockneten Fläche und Loch um Loch hackte. Unermüdlich, unerlässlich. Es war, als sei ich einem Titanen begegnet."

Dodd kündigte bei der BBC und gründete seine eigene Produktionsgesellschaft, „1080 film", um eine Dokumentation über Yacouba zu drehen. Bei seinen Recherchen stieß er auf Reij, der ihm half, den Film zu finanzieren.

Filmarbeiten mit Chris Reij und Mark Dodd

Mit Laiendarstellern aus Yacoubas Familie stellte Dodd die Kindheit in Mali, die erfolglosen Jahre in der Koranschule, die Hungersnot und die Flucht aus den Dörfern und die arbeitsreichen ersten Jahre nach. Und er gab Yacouba einen Namen. So wie der Schriftsteller Giono seinen Schäfer einst „den Mann, der die Bäume pflanzte" nannte, nannte Dodd Yacouba den „Mann, der die Wüste stoppte". Das ist auch der Titel seiner Dokumentation, die seither auf Dutzenden von Filmfestivals und vor Expertenkommissionen gezeigt wurde.

Auch im Freilichtkino von Ouahigouya. „Das war die schönste Vorführung", sagt Dodd. „Das Kino war voll. Die Leute haben gelacht und gejubelt."

Yacouba vor einem der neuen Häuser,
die auf seinem Grund gebaut wurden

Jetzt bestellt Yacouba sein Land nicht mehr allein. Nach dreißig Jahren, in denen erst nur er, dann seine Söhne die harte Arbeit verrichteten, hat er genügend Geld aus dem Verkauf des überschüssigen Getreides, um sich fremde Hilfe zum Hacken zu holen. Und er hat Schüler. Jede Woche kommen Bauern aus einem anderen Dorf zu ihm. Gemeinsam schlagen sie auf die Erde ein, als wollten sie ihr die Unfruchtbarkeit austreiben. Viele von Yacoubas Schülern sind Frauen, die von ihren Männern verlassen wurden oder verwitwet sind. Sie führen ein Leben, das in der Sahelzone oft mit dem Hungertod endet. Bares Land zu beackern, das ihnen keiner streitig macht, ist für die Frauen die einzige Möglichkeit, sich zu ernähren.

**Alte Freunde: Yacaouba Sawado
und Naba-Ligdidi S. Kagoné**

„Wenn ihr bereit seid, hart zu arbeiten, dann werdet ihr mit Zaï genügend zu essen haben. Zaï wird euch und euren Kindern Essen und Frieden bringen", sagt Yacouba zu den Frauen, und sie nicken und schwingen die Hacken hoch in den Himmel. Auch der König von Wagdidi, Naba-Ligidi S. Kagoné, hackt. Er und Yacouba kennen sich seit ihrer Kindheit. In den achtziger Jahren, als Yacouba aufs Land zurückkehrte, floh der König wie so viele andere in die Stadt Ouahigouya. Er wurde Lehrer, rührte keine Hacke mehr an, zog keinen Pflug mehr.

Nun ist er seit acht Jahren pensioniert. Er hat viel Zeit unter Yacoubas Baldachin gesessen und den Vögeln zugesehen. Er hat Reij begleitet und mit Dodd gefilmt.

Wo Yacouba aus Bescheidenheit still blieb, hat der König ihn angepriesen, hat sich zu seinem PR-Manager im Miniformat gemacht. Irgendwann war der Wunsch, auch einer von denen zu sein, die Bleibendes hinterlassen, sich auch so einen Wald zu schaffen, so groß, dass der König vier Hektar Land kaufte. Nun hat er Schwielen an den Händen und Erde unter den Fingernägeln.

Gionos Geschichte über den französischen Eichenwaldpflanzer wurde 1954 in der Vogue veröffentlicht. Giono erzählt, wie er den Hirten Bouffier auf einer Wanderung traf, bei ihm übernachtete, und als der Schäfer am anderen Tag einen Eisenstecken nimmt und losmarschiert, folgt Gioni ihm und sieht, wie Bouffier mit seinem Stecken Löcher in die Erde bohrt und Samen hinein legt. „Ich muss sehr hartnäckig gewesen sein bei meinem Ausfragen, dass er darauf antwortete. Seit drei Jahren pflanzte er Bäume in dieser Einsamkeit. Er hatte bereits 100 000 gepflanzt.“

Yacouba hat an der Geschichte von Giono, die ihm Madame Poyga geduldig übersetzt, großes Vergnügen. Unter seinem Hirse-stroh-Baldachin sitzt er an einen Baum gelehnt und hört still zu, nur bei der Charakterbeschreibung des Schäfers brummt er zustimmend „Mmmh, Mmmh.“ Bei dem Satz: „Ich habe ihn nie gebeugt und verzweifelt gesehen.

Und dennoch, wer weiß, ob nicht Gott selber ihn dazu gedrängt hat", nickt Yacouba bestätigend. „Natürlich Gott. Kein Mensch kann so viel Kraft aus sich selber heraus finden."

Ob die Ähnlichkeiten zwischen Bouffier, der das Produkt eines französischen Schriftstellers ist, und ihm nicht erstaunlich seien? Aber nein, sagt Yacouba mit großem Ernst. Er habe schon auf so eine Geschichte gewartet, auf die Erzählung eines Freundes im Geiste, der irgendwo auf der Welt sein Werk so verrichte wie er. „Wir haben ein Sprichwort. Von jedem von uns gibt es einen Zweiten."

Das Wort Sahel kommt aus dem Arabischen. „As Sahil" bedeutet Ufer, Ufer am Rande der Wüste.

An diesem Ufer gibt es nun eine neue Dürre. Auch der Norden von Burkina Faso mit der Provinz Yatenga gehört zu jenen Regionen, in denen die Lage kritisch ist. Verschärft wird die Situation durch die Flüchtlinge, die aufgrund der Situation im Nachbarland Mali über die Grenze kamen, 62 000 sollen es sein.

Die Hungerkrise kommt nicht überraschend. Schon vor fünf Jahren begannen die Lebensmittelpreise zu steigen, mancherorts kostet ein Sack Reis oder Mehl inzwischen das Achtfache, so sehr haben sich die Erträge verringert. Reij und sein Institut sehen die Ursachen der Krise in der Erderwärmung, den unregelmäßigen Regenfällen in der Region, die abnehmende Fruchtbarkeit der

Böden durch Überdüngung und der Verdopplung der Bevölkerung.

Das sind keine wirklich guten Aussichten, doch in Yacoubas Speicher lagert genug Getreide, um zwei erntelose Jahre zu überstehen. Gerade haben er und seine Söhne zwei weitere neue Felder bestellt, hunderte von Löcher gegraben und in jedes fünf Hirsesamen gelegt. Mit den ersten Regenfällen im April trieben die Halme prompt in die Höhe. „Die Ernte wird gedeihen", sagt Yacouba einfach. Seit Jahren kann er seinen Überschuss verkaufen, und ebenso lange verteilt er seine Saat großmütig an arme Bauern. Für ihn ist es eine Frage der Menschlichkeit. „Zu sagen, ich habe keinen Hunger, wenn andere hungern, ist keine gute Sache.

Wer einen satten Bauch hat, während den anderen der Magen knurrt, ist ein schlechter Mensch."

Auf der G8-Konferenz von Camp David wurde im Mai eine Neue Allianz für Ernährungssicherung beschlossen. Eines der Länder, die davon profitieren, ist Burkina Faso. Die Neue Allianz ist eine Fortsetzung der auf dem G8 Gipfel von 2009 im italienischen L'Aquila beschlos-senen Maßnahmen. Lange waren Klein-bauern nicht im Blick der Entwicklungshilfe, galten allenfalls als Empfänger von Almosen und nicht als tragende Säule landwirtschaft-licher Entwicklung.

Erst die *L'Aquila Initiative* sah die Klein-bauern als wichtige Partner im Kampf gegen Armut und Hunger. Sie sollen nun Unterstützung erhalten, ihre traditionellen und seit Jahrhunderten erprobten Anbau-methoden zu praktizieren.

38 Jahre nach Yacoubas Erkenntnissen, im Juni 2012, bekräftigten die Teilnehmer des Rio-plus-20-Gipfels die Bedeutung der Sub-sistenzlandwirtschaft für den Agrarsektor in Afrika. Vor der Drohkulisse anhaltenden Hungers in der Sahelzone sollen Klein-bauern Garanten der Nahrungssicherung und der ökologischen Stabilität sein. Für die nunmehr populäre Art des Anbaus gibt es jetzt einen neuen Begriff:

Climate smart agriculture (CSA) – Landwirtschaft, die sich den veränderten klimatischen Bedingungen anpassen kann. CSA sieht vor, Bäume und Getreide zusammen zu pflanzen. „Bäume verbessern die Bodenqualität, weil sie Nährstoffe speichern", heißt es in der Erklärung.

In seinem *Rural poverty Report 2011* lobte der International Fund for Agricultural Development (IFAD) – eine Sonderorganisation der Vereinten Nationen – die so genannte *Agroforesty*, die Kombination aus Getreide-anbau und Waldwirtschaft. Als Erfolgs-beispiel wurde Niger genannt – dort liegen jene Gebiete, aus denen Reij einst Landwirte zu Yacouba brachte, damit sie von ihm lernten.

Seit den achtziger Jahren wird *Agroforestry* im Staat Niger auf fünf Millionen Hektar betrieben. 200 Millionen neue Bäume sind gepflanzt. Mit dieser Methode sei es gelungen, die jährliche Menge an Getreide um 500 000 Tonnen zu erhöhen. Reij sagt, davon ernähre man 2,5 Millionen Menschen. Yacouba lächelt.

Im Büro der Deutschen Gesellschaft für Internationale Zusammenarbeit (GIZ) in der burkinischen Hauptstadt Ouagadougou hat man von Yacouba Sawadogo noch nie gehört. Die GIZ ist ein Bundesunternehmen, das die Entwicklungshilfemaßnahmen der deutschen Regierung umsetzt. Büroleiter Florent Dirk Thies bestätigt, wie wichtig Kleinbauern seien.

80 Prozent der Bevölkerung von Burkina Faso lebe von Landwirtschaft, und davon betrieben wiederum 95 Prozent Subsistenzwirtschaft. Bisher, sagt Thies, habe das Land sich selbst ernähren können, doch fruchtbarer Boden werde knapp. „Die Bevölkerung hat sich verdoppelt, aber die nutzbaren Bodenflächen sind gleich geblieben."

Eigentlich müsse man ein Feld sieben Jahre lang brach liegen lassen, um es ein Jahr lang zu bewirtschaften. „Das können die Leute nicht einhalten. Die Böden verschlechtern sich enorm. In fünf bis zehn Jahren werden alle Kapazitäten erschöpft sein, wenn es nicht gelingt, den Anbau drastisch zu intensivieren."

Ackerbau üben

Dirk-Florent Thies glaubt, dass eine 300-prozentige Steigerung der Erträge möglich sei: „Die Methoden waren zu lange falsch. Wir müssen die lokalen Bauern unterstützen und zwar auf die Weise, die sie wollen und kennen. Diese sogenannten Experten von außen, die sollten nicht das Sagen haben."
Reij hat dafür gesorgt, dass Yacouba zu internationalen Entwicklungshilfekonferenzen eingeladen wurde.

In seinem besten Festtags-Boubou und mit der traditionellen feinbestickten Kopfbedeckung der Mossi-Männer flog Yacouba 2009 nach Washington, 2010 in die Schweiz und 2011 nach Südkorea.

Dort traf er auf Ban Ki-Moon, der ihn so nannte, wie es Dodd getan hatte: „der Mann, der die Wüste stoppte". In den Dokumentationen dieser Reisen sieht man Yacouba unbeeindruckt von der internationalen Politik und den ihn umgebenden Experten aufrecht auf dem Podium sitzen und mit seinen ruhigen Sätzen von Zaï erzählen.

Auch in Deutschland hat Yacouba Verehrer. Zum Beispiel Dorkas Kaiser, Doktorandin der Würzburger Uni und Mitglied des Forschungsverbundes Biota, eines Projekts des Bundesministeriums für Bildung und Forschung.

Kaiser erforschte über einen Zeitraum von vier Jahren in Yacoubas Wald und auf Yacoubas Feldern, welche Rolle die

Termiten im Regenerationsprozess des Bodens spielen, und an die junge Wissenschaftlerin erinnert man sich in Gourga mit Freude. „Das war eine starke Frau", sagt Yacouba. „Die hatte vor nichts Angst, die schlief alleine im Wald." Kaiser gibt die Komplimente gerne zurück. Von Yacouba habe sie unendlich viel gelernt.

Yacouba Sawadogo ist heute ein geachteter Mann in seinem Dorf, in Ouahigouya und bei all jenen, die ihm begegnen.

Materiell hat ihm die Ehrfurcht der Mitmenschen und seine Auftritte auf internationalen Konferenzen nichts gebracht.

Das stört ihn nicht, weil er sich nichts wünscht, das mit Geld zu kaufen wäre.
Nun aber läuft seine Zeit ab, und er ist müde. Die Fahrerei mit dem Moped von Dorf zu Dorf, die vielen Ratsuchenden, die jeden Tag in seine Sprechstunde kommen, um zu erfahren, wie sie Ungeziefer fern halten, Wasser stauen, Mist anmixen, Krankheiten der Bäume heilen können, werden ihm zu viel. Er ist 70 Jahre alt, die durchschnittliche Lebenserwartung für Männer in Burkina Faso beträgt 52 Jahre, und Yacouba kann sich ausrechnen, dass sein Leben nicht mehr lange dauert.

Sein Wissen hat er an die Söhne und an viele andere weitergegeben. Jetzt will er noch ein kleines Haus bauen, eine Art Ausbildungszentrum, wo er die Leute unterrichten könnte.

Er möchte eine Apotheke eröffnen für die Medizin und Öle, die er herzustellen versteht. Niemand soll dafür bezahlen müssen. Doch für beides fehlt ihm das Geld.

Der Schriftsteller Giono musste 1914 als Soldat in den Weltkrieg ziehen, erst zehn Jahre später kehrte er zurück in die Berge. Für ihn überraschend findet er den Eichenpflanzer Bouffier wieder vor, unverdrossen Bäume pflanzend. „Wir verbrachten den Tag damit, dass wir schweigend im Wald herum gingen. Er maß ... elf Kilometer in der Länge und drei Kilometer in der Breite.

Aus Trauben und Blättern von Blumen
stellt Yacouba Medizin her

Wenn man sich vergegenwärtigt, dass dies alles von den Händen und dem Herzen dieses Mannes herrührte, ohne jedes technische Hilfsmittel, dann ging einem auf, dass die Menschen auch in anderen Gebieten so schöpferisch sein könnten wie Gott, nicht nur im Zerstören."

Gionos Eichenwald-Pflanzer wurde im Alter geehrt als Bewahrer der Natur, er erlebte noch, wie die Leute sein Werk priesen. Sein Wald allerdings, so schrieb es der Autor kurz vor seinem Tod im Jahre 1970 in einem Brief, überlebte nicht. Die Zivilisation rückte vor in die Einsamkeit, und wo Eichen standen, wurden Kraftwerke und Fabriken gebaut.
Nur einige einzelne Bäume überlebten den Zusammenstoß mit der Moderne.

Vielleicht ist es das Schicksal der Rufer und Mahner, der Steppenwölfe und einsamen Schöpfer, dass ihren Werken keine Ewigkeit vergönnt ist. Auch Yacoubas Wald ist in Gefahr.

Das Land, das er beackert, gehört ihm nicht. Er hat es sich genommen, weil niemand es wollte und niemand Anspruch darauf erhob. So ist es in Afrika seit Jahrhunderten. Land wird vergeben, vom Dorfchef, von Provinzpolitikern. Gewohnheitsrecht steht über Besitz. Mancher Acker ist seit Jahrhunderten in der Hand einer Familie, aber er gehört ihr nicht. Sie dürfen ihn pflügen, sie dürfen darauf säen und ernten. Kaufen können sie ihn nicht. Wenn eines Tages der Staat dieses Land haben will, dann hat er dazu jedes Recht.

Vor zehn Jahren kamen Landvermesser aus Ouahigouya und schlugen Grundsteine in Yacoubas Boden. Einen Stein setzten sie mitten in den Schuppen, in dem Yacouba jenes Getreide lagert, das er verschenkt.

Der Schuppen müsse abgerissen werden, sagten sie. Einen Stein setzten sie neben die Mauer von Yacoubas Grundstück und zogen von dort eine Linie. Die Linie teilt das Grab seines Vaters. Der Vater müsse umgebettet werden, sagten sie. Einen Stein setzten sie in Yacoubas Wald und sagten, die Hälfte des Waldes müsse abgeholzt werden. Yacouba hat diesen Stein mit dem Fuß umgetreten, und wenn er ihn zeigt, dann sieht er alt und müde aus. Der Titan reibt sich mit den Händen das Gesicht, ein hilfloser Greis.

Yacouba am Grab seines Vaters, der umgebettet werden soll, weil Andere das Land bebauen wollen

Und dann schlugen sie noch ein halbes Dutzend Markierungssteine in die ersten Felder, die Yacouba beackert hat, zwischen die ersten Bäume, die er gepflanzt hat und die damals bereits mehrere Meter groß waren.

Die Jahre vergingen, und nichts geschah. Doch jetzt tauchen jene auf, denen man das Land zur Ansiedlung versprach und beginnen, Bäume zu fällen und dort Häuser zu bauen, wo Yacoubas Hirse wächst. Yacouba ging zur Provinzregierung. Er erwartete dort kein Lob, keinen Dank für die vielen Jahre der harten Arbeit, keine Bewunderung für seine Erfolge. Er wollte nur ein bisschen Gerechtigkeit oder wenigstens Gnade.

Man sagte ihm, er könne das Land für umgerechnet 50 000 Euro kaufen. „Mmmh, mmmh", brummte Yacouba, drehte sich um und ging. Er klagte nicht. Er rechnete nicht auf. Er tat das, was er immer tut, wenn das Leben sich ihm entgegenstellt, er fing wieder von vorne an. Wanderte mit seiner Hacke dorthin, wo niemand war, wo niemand sein wollte, hackte neue Löcher. Kleine für die Hirse, große für die Bäume, ganz große für die Baobab-Bäume. Zu seinen Söhnen sagte er: „Wenn sie kommen und meinen Wald fällen, dann setzen wir einen neuen Wald."

Er wird den Wald nicht mehr wachsen sehen. Aber er wird wissen, niemand hat ihn besiegt. Die Natur nicht. Und schon gar nicht die Menschen.

Dies ist die Geschichte von Yacouba Sawadogo. Eine von vielen Geschichten aus Afrika, in denen der Mensch sich nicht behaupten kann gegen Umstände und Zustände.

Auch Yacouba könnte man als tragische Figur aus dieser Geschichte entlassen, doch es gibt eine Wendung, die auf ein glückliches Ende hinführt. Vielleicht. Nachdem diese Geschichte von Yacouba in der Zeitung „Die ZEIT" veröffentlicht wurde, wollten viele Menschen ihm helfen, spendeten kleiner Summen, boten Kontakte an. Einer spendete viel Geld und seither laufen Verhandlungen zwischen Chris Reij und der Regierung von Burkina Faso darüber, einen

Fond zu gründen, der den Wald als Besitz übernimmt und so erhalten werden kann. Gionos Baumpflanzer ist schon tot, als die Zerstörung seines Waldes begann.

Yacoubas Bäume aber werden weiterleben. Auch wenn ihr Pflanzer gestorben ist.

Zur Autorin

Andrea Jeska wurde 1964 in Bremerhaven geboren und mäanderte durch Welt und Leben, bevor sie - nach einigen Jahren in Japan - an der Ostsee in Heiligenhafen landete und begann, für die dortige lokale Zeitung zu arbeiten. Einige journalistische Stationen später entschied sie sich für die Freiberuflichkeit.

Seit 2000 reist und schreibt sie für ZEIT; Frankfurter Allgemeine Sonntagszeitung, Chrismon, Welt, Brigitte, Freitag, Lettre International, Terra Mater und andere.
Wenn sie kann, nimmt sie gerne eine ihrer drei Töchter mit.
Nach einigen Jahren der Berichterstattung aus dem Kaukasus zog es sie zunehmend nach Afrika, und über diesen Kontinent schreibt sie inzwischen auch die meisten ihrer Artikel und Bücher. Daneben unter-richtet sie kreatives Schreiben und Storytelling. Für ihre Arbeit wurde Jeska 2009 für den Henry Nannen Preis nominiert und zudem mit dem Goldenen Columbus, dem Medienpreis für Ethik, dem Hansel-Mieth und 2013 mit dem Theodor-Wolff-Preis ausgezeichnet.